J'apprends à lire avec Sami et Julie

Milieu de CP

La fête des mères

Emmanuelle Massonaud

Avec Sami et Julie, lire est un plaisir !

Avant de lire l'histoire
- Parlez ensemble du titre et de l'illustration en couverture, afin de préparer la compréhension globale de l'histoire.
- Vous pouvez, dans un premier temps, lire l'histoire en entier à votre enfant, pour qu'ensuite il la lise seul.
- Si besoin, proposez les activités de préparation à la lecture aux pages 4 et 5. Elles permettront de déchiffrer les mots les plus difficiles.

Après avoir lu l'histoire
- Parlez ensemble de l'histoire en posant les questions de la page 30 : « As-tu bien compris l'histoire ? »
- Vous pouvez aussi parler ensemble de ses réactions, de son avis, en vous appuyant sur les questions de la page 31 : « Et toi, qu'en penses-tu ? »

Bonne lecture !

Maquette de couverture : Mélissa Chalot
Réalisation de la couverture : Sylvie Fécamp
Maquette intérieure : Mélissa Chalot
Mise en pages : Typo-Virgule
Illustrations : Thérèse Bonté
Édition : Laurence Lesbre

ISBN : 978-2-01-625502-5
© Hachette Livre 2018.

Tous droits de traduction, de reproduction et d'adaptation réservés pour tous pays.

Achevé d'imprimer en Espagne par Unigraf
Dépôt légal : Mars 2019 - Édition 04 - 63/9599/9

Les personnages de l'histoire

1 Montre le dessin quand tu entends le son (è) comme dans f<u>ê</u>te ou comme dans m<u>è</u>re.

2 Montre le dessin quand tu entends le son (eu) comme dans n<u>œu</u>d.

3 Lis ces syllabes.

4 Lis ces mots-outils.

vous qui nous c'est aussi

pour vos tous bien dans

5 Lis les mots de l'histoire.

bougie bougeoir cœur

feutre bouquet cadeau

– Savez-vous qui nous fêterons en ce joli mois de mai ? demande la maîtresse.

Les CP réfléchissent.

Poisson d'avril ? C'est passé. Pâques aussi et le muguet, c'était hier...

– Maîtresse, j'ai trouvé, s'exclame Sami : nous fêterons les mamans !

– Bravo, Sami !... Il nous reste à peine trois semaines pour réaliser de jolis présents en pâte à sel pour vos mamans.

La maîtresse a une super idée : tous les élèves vont fabriquer de ravissants bougeoirs en forme de cœur.

Dans l'atelier de Sami, les choses débutent plutôt bien. Léo mesure le sel avec le plus grand sérieux mais, tout à coup, Basile se met à grimacer pour faire rigoler Tom, qui – plaf ! patatras ! plouf ! – renverse toute la farine dans le bol !

– Je mélange, je mélange…,
dit Sami !…
– … ho hisse ! poursuit
Basile en plaisantant.
Il plonge, à son tour,
ses dix doigts potelés
dans le bol. Tom ajoute
du liquide. Mais c'est trop !
Quel chantier !

Heureusement, la maîtresse a sauvé la pâte des garçons. Basile ne peut s'empêcher de la goûter.

– Miam ! Salé mais délicieux !

Sami et Tom, intrigués, goûtent également.

– Mais c'est horrible ! s'écrie Tom.

Arrive l'instant le plus délicat : découper un joli cœur avec l'emporte-pièce et faire un trou pour la bougie. Chacun s'applique.

– Oh non ! se lamente Léo.
Mon cœur s'est cassé…
– Recommence : tu vas
y arriver, l'encourage
la maîtresse.

La semaine suivante,
les cœurs sont cuits ;
il ne reste plus qu'à
les décorer. Avec amour,
chacun tente de réaliser
le sien pour qu'il soit
le plus parfait du monde.
– Ne mettez pas plus
de feutre sur la table que
sur vos cœurs ! recommande
la maîtresse.

Le dernier jour d'école avant la fête des Mères, les CP sortent avec leurs présents magnifiquement emballés. Au même instant, arrivent les CE1.

– On peut savoir ce que vous avez fait ? demande Julie.

– Secret absolu ! répondent les garçons.

– Si vous nous dites ce que vous avez préparé, nous, on vous dit ce qu'on a fabriqué, propose Léna.
– Pas question ! C'est une surprise : un point, c'est tout ! réplique Sami intraitable.

– On verra dimanche, conclut Julie. À mon avis, notre surprise est mieux que la vôtre !
– Normal : on est des CE1 ! renchérit Léna.

Au matin du grand jour, pendant que Maman dort toujours, Papa, Julie et Sami se lèvent en catimini pour installer la plus belle des tables de petit déjeuner. Un odorant bouquet de lilas, des croissants tout chauds et, bien sûr, de superbes présents déposés à la place de Maman...

La fête des Mères peut
enfin commencer !
– Oh, des cadeaux !
Ça alors ! s'écrie Maman.
Elle ouvre le paquet
de Sami.
– Un magnifique bougeoir !
Merci mon chéri.
Julie n'en croit pas
ses yeux !

Maman défait maintenant le paquet de Julie et en sort… un bougeoir en forme de cœur !

– Magnifique ! applaudit Maman. Deux bougeoirs fabriqués par mes deux petits cœurs adorés ! Merci, mes amours chéris !

– B-b-bonne fête, Maman…, murmurent Sami et Julie.

As-tu bien compris l'histoire ?

1 Quelle fête prépare la classe de Sami ?

2 Sais-tu ce qu'est un bougeoir ?

3 De quelle forme est le bougeoir fabriqué par Sami ?

4 Est-ce que Maman est contente à la fin de l'histoire ?

5 Et Sami et Julie, sont-ils contents eux aussi ? Pourquoi ?

Et toi, qu'en penses-tu ?

Et toi, que vas-tu offrir à ta maman pour la fête des mères ?

Est-ce que ta maman aime recevoir des dessins ?

As-tu déjà fait de la pâte à sel ?

Pour toi, est-ce important, la fête des Mères ? Pourquoi ? Et la fête des Pères ?

Dans la même collection :

Niveau 1
Début de CP

Niveau 2
Milieu de CP

Niveau 3
Fin de CP

Niveau CE1

Découvrez aussi les BD Sami et Julie